READING

个人信息
PERSONAL INFORMATION

◇ 姓名
NAME

◇ 电话
TEL

◇ 微信
WECHAT

◇ QQ

◇ 微博
WEIBO

这一刻，让我遇见你　　　　　　　　　　　THIS MOMENT, LET ME MEET YOU

读书计划 READING PLAN

◦ 书名：
TITLE

◦ 作者：
AUTHOR

◦ 日期：
DATE

◦ 完成度打卡： ◯
CHECK

◦ 备注：
REMARK

◦ 书名：
TITLE

◦ 作者：
AUTHOR

◦ 日期：
DATE

◦ 完成度打卡： ◯
CHECK

◦ 备注：
REMARK

◦ 书名：
TITLE

◦ 作者：
AUTHOR

◦ 日期：
DATE

◦ 完成度打卡： ◯
CHECK

◦ 备注：
REMARK

◦ 书名：
TITLE

◦ 作者：
AUTHOR

◦ 日期：
DATE

◦ 完成度打卡： ◯
CHECK

◦ 备注：
REMARK

◦ 书名：
TITLE

◦ 作者：
AUTHOR

◦ 日期：
DATE

◦ 完成度打卡： ◯
CHECK

◦ 备注：
REMARK

◦ 书名：
TITLE

◦ 作者：
AUTHOR

◦ 日期：
DATE

◦ 完成度打卡： ◯
CHECK

◦ 备注：
REMARK

◦ 书名：
TITLE

◦ 作者：
AUTHOR

◦ 日期：
DATE

◦ 完成度打卡： ◯
CHECK

◦ 备注：
REMARK

◦ 书名：
TITLE

◦ 作者：
AUTHOR

◦ 日期：
DATE

◦ 完成度打卡： ◯
CHECK

◦ 备注：
REMARK

这一刻，让我遇见你　　　　　　　　THIS MOMENT, LET ME MEET YOU

笔记索引 NOTE INDEX

◦ 书名：
TITLE
◦ 作者：
AUTHOR
◦ 看完时间：
ENDING TIME
◦ 备注：
REMARK
◦ 碎碎念：
NAGGING

◦ 书名：
TITLE
◦ 作者：
AUTHOR
◦ 看完时间：
ENDING TIME
◦ 备注：
REMARK
◦ 碎碎念：
NAGGING

◦ 书名：
TITLE
◦ 作者：
AUTHOR
◦ 看完时间：
ENDING TIME
◦ 备注：
REMARK
◦ 碎碎念：
NAGGING

◦ 书名：
TITLE
◦ 作者：
AUTHOR
◦ 看完时间：
ENDING TIME
◦ 备注：
REMARK
◦ 碎碎念：
NAGGING

◦ 书名：
TITLE
◦ 作者：
AUTHOR
◦ 看完时间：
ENDING TIME
◦ 备注：
REMARK
◦ 碎碎念：
NAGGING

◦ 书名：
TITLE
◦ 作者：
AUTHOR
◦ 看完时间：
ENDING TIME
◦ 备注：
REMARK
◦ 碎碎念：
NAGGING

◦ 书名：
TITLE
◦ 作者：
AUTHOR
◦ 看完时间：
ENDING TIME
◦ 备注：
REMARK
◦ 碎碎念：
NAGGING

◦ 书名：
TITLE
◦ 作者：
AUTHOR
◦ 看完时间：
ENDING TIME
◦ 备注：
REMARK
◦ 碎碎念：
NAGGING

这一刻，让我遇见你　　　　　　　　　　THIS MOMENT, LET ME MEET YOU

读书计划 READING PLAN

◦ 书名： TITLE	◦ 作者： AUTHOR
◦ 日期： DATE	◦ 完成度打卡： ◯ CHECK
◦ 备注： REMARK	

◦ 书名： TITLE	◦ 作者： AUTHOR
◦ 日期： DATE	◦ 完成度打卡： ◯ CHECK
◦ 备注： REMARK	

◦ 书名： TITLE	◦ 作者： AUTHOR
◦ 日期： DATE	◦ 完成度打卡： ◯ CHECK
◦ 备注： REMARK	

◦ 书名： TITLE	◦ 作者： AUTHOR
◦ 日期： DATE	◦ 完成度打卡： ◯ CHECK
◦ 备注： REMARK	

◦ 书名： TITLE	◦ 作者： AUTHOR
◦ 日期： DATE	◦ 完成度打卡： ◯ CHECK
◦ 备注： REMARK	

◦ 书名： TITLE	◦ 作者： AUTHOR
◦ 日期： DATE	◦ 完成度打卡： ◯ CHECK
◦ 备注： REMARK	

◦ 书名： TITLE	◦ 作者： AUTHOR
◦ 日期： DATE	◦ 完成度打卡： ◯ CHECK
◦ 备注： REMARK	

◦ 书名： TITLE	◦ 作者： AUTHOR
◦ 日期： DATE	◦ 完成度打卡： ◯ CHECK
◦ 备注： REMARK	

这一刻，让我遇见你　　THIS MOMENT, LET ME MEET YOU

笔记索引 NOTE INDEX

◇ 书名：　　　　　　　◇ 作者：
TITLE　　　　　　　　AUTHOR

◇ 看完时间：　　　　　◇ 备注：
ENDING TIME　　　　　REMARK

◇ 碎碎念：
NAGGING

◇ 书名：　　　　　　　◇ 作者：
TITLE　　　　　　　　AUTHOR

◇ 看完时间：　　　　　◇ 备注：
ENDING TIME　　　　　REMARK

◇ 碎碎念：
NAGGING

◇ 书名：　　　　　　　◇ 作者：
TITLE　　　　　　　　AUTHOR

◇ 看完时间：　　　　　◇ 备注：
ENDING TIME　　　　　REMARK

◇ 碎碎念：
NAGGING

◇ 书名：　　　　　　　◇ 作者：
TITLE　　　　　　　　AUTHOR

◇ 看完时间：　　　　　◇ 备注：
ENDING TIME　　　　　REMARK

◇ 碎碎念：
NAGGING

◇ 书名：　　　　　　　◇ 作者：
TITLE　　　　　　　　AUTHOR

◇ 看完时间：　　　　　◇ 备注：
ENDING TIME　　　　　REMARK

◇ 碎碎念：
NAGGING

◇ 书名：　　　　　　　◇ 作者：
TITLE　　　　　　　　AUTHOR

◇ 看完时间：　　　　　◇ 备注：
ENDING TIME　　　　　REMARK

◇ 碎碎念：
NAGGING

◇ 书名：　　　　　　　◇ 作者：
TITLE　　　　　　　　AUTHOR

◇ 看完时间：　　　　　◇ 备注：
ENDING TIME　　　　　REMARK

◇ 碎碎念：
NAGGING

◇ 书名：　　　　　　　◇ 作者：
TITLE　　　　　　　　AUTHOR

◇ 看完时间：　　　　　◇ 备注：
ENDING TIME　　　　　REMARK

◇ 碎碎念：
NAGGING

这一刻，让我遇见你　　　　　　　　　　THIS MOMENT, LET ME MEET YOU

读书计划 READING PLAN

◇书名： TITLE	◇作者： AUTHOR	◇书名： TITLE	◇作者： AUTHOR
◇日期： DATE	◇完成度打卡： ○ CHECK	◇日期： DATE	◇完成度打卡： ○ CHECK
◇备注： REMARK		◇备注： REMARK	

◇书名： TITLE	◇作者： AUTHOR	◇书名： TITLE	◇作者： AUTHOR
◇日期： DATE	◇完成度打卡： ○ CHECK	◇日期： DATE	◇完成度打卡： ○ CHECK
◇备注： REMARK		◇备注： REMARK	

◇书名： TITLE	◇作者： AUTHOR	◇书名： TITLE	◇作者： AUTHOR
◇日期： DATE	◇完成度打卡： ○ CHECK	◇日期： DATE	◇完成度打卡： ○ CHECK
◇备注： REMARK		◇备注： REMARK	

◇书名： TITLE	◇作者： AUTHOR	◇书名： TITLE	◇作者： AUTHOR
◇日期： DATE	◇完成度打卡： ○ CHECK	◇日期： DATE	◇完成度打卡： ○ CHECK
◇备注： REMARK		◇备注： REMARK	

这一刻，让我遇见你　　　　　THIS MOMENT, LET ME MEET YOU

笔记索引 NOTE INDEX

◦ 书名：
TITLE
◦ 作者：
AUTHOR
◦ 看完时间：
ENDING TIME
◦ 备注：
REMARK
◦ 碎碎念：
NAGGING

◦ 书名：
TITLE
◦ 作者：
AUTHOR
◦ 看完时间：
ENDING TIME
◦ 备注：
REMARK
◦ 碎碎念：
NAGGING

◦ 书名：
TITLE
◦ 作者：
AUTHOR
◦ 看完时间：
ENDING TIME
◦ 备注：
REMARK
◦ 碎碎念：
NAGGING

◦ 书名：
TITLE
◦ 作者：
AUTHOR
◦ 看完时间：
ENDING TIME
◦ 备注：
REMARK
◦ 碎碎念：
NAGGING

◦ 书名：
TITLE
◦ 作者：
AUTHOR
◦ 看完时间：
ENDING TIME
◦ 备注：
REMARK
◦ 碎碎念：
NAGGING

◦ 书名：
TITLE
◦ 作者：
AUTHOR
◦ 看完时间：
ENDING TIME
◦ 备注：
REMARK
◦ 碎碎念：
NAGGING

◦ 书名：
TITLE
◦ 作者：
AUTHOR
◦ 看完时间：
ENDING TIME
◦ 备注：
REMARK
◦ 碎碎念：
NAGGING

◦ 书名：
TITLE
◦ 作者：
AUTHOR
◦ 看完时间：
ENDING TIME
◦ 备注：
REMARK
◦ 碎碎念：
NAGGING

陪你度过细碎的时光　　SPEND FINE TIME WITH YOU

◦ 同人涂鸦 / 美句
GRAFFITI / BEAUTIFUL WORDS

◦ 日期：
DATE

◦ 书名：
TITLE

◦ 作者：
AUTHOR

◦ 主 CP：
MAIN COUPLE

◦ 副 CP：
SECONDARY COUPLE

◦ 评价：　☆ ☆ ☆ ☆ ☆
STAR-RATING

◦ 一句话短评：
A SHORT COMMENT

◦ 为什么会选择去看这本小说：
WHY DID YOU CHOOSE TO READ THIS BOOK

◦ 书评 / 观点 / 分析 / 碎碎念的话
REVIEW / VIEW POINT / ANALYSIS / NAGGING

陪 你 度 过 细 碎 的 时 光　　SPEND FINE TIME WITH YOU

◦ 同人涂鸦 / 美句
GRAFFITI / BEAUTIFUL WORDS

◦ 日期：
DATE

◦ 书名：
TITLE

◦ 作者：
AUTHOR

◦ 主 CP：
MAIN COUPLE

◦ 副 CP：
SECONDARY COUPLE

◦ 评价：　☆ ☆ ☆ ☆ ☆
STAR-RATING

◦ 一句话短评：
A SHORT COMMENT

◦ 为什么会选择去看这本小说：
WHY DID YOU CHOOSE TO READ THIS BOOK

◦ 书评 / 观点 / 分析 / 碎碎念的话
REVIEW / VIEW POINT / ANALYSIS / NAGGING

陪你度过细碎的时光　　　　　SPEND FINE TIME WITH YOU

同人涂鸦 / 美句
GRAFFITI / BEAUTIFUL WORDS

- **日期 / DATE:**
- **书名 / TITLE:**
- **作者 / AUTHOR:**
- **主 CP / MAIN COUPLE:**
- **副 CP / SECONDARY COUPLE:**
- **评价 / STAR-RATING:** ☆☆☆☆☆
- **一句话短评 / A SHORT COMMENT:**

为什么会选择去看这本小说：
WHY DID YOU CHOOSE TO READ THIS BOOK

书评 / 观点 / 分析 / 碎碎念的话
REVIEW / VIEW POINT / ANALYSIS / NAGGING

陪你度过细碎的时光　　　　SPEND FINE TIME WITH YOU

◦ 同人涂鸦 / 美句
　GRAFFITI / BEAUTIFUL WORDS

◦ 日期：　　　　　　　　◦ 书名：　　　　　　　　◦ 作者：
　DATE　　　　　　　　　 TITLE　　　　　　　　　 AUTHOR

◦ 主 CP：　　　　　　　　◦ 副 CP：　　　　　　　　◦ 评价：　☆ ☆ ☆ ☆ ☆
　MAIN COUPLE　　　　　　SECONDARY COUPLE　　　　STAR-RATING

◦ 一句话短评：
　A SHORT COMMENT

◦ 为什么会选择去看这本小说：
　WHY DID YOU CHOOSE TO READ THIS BOOK

◦ 书评 / 观点 / 分析 / 碎碎念的话
　REVIEW / VIEW POINT / ANALYSIS / NAGGING

陪 你 度 过 细 碎 的 时 光　　　SPEND FINE TIME WITH YOU

◦ 同人涂鸦 / 美句
GRAFFITI / BEAUTIFUL WORDS

◦ 日期 :
DATE

◦ 书名 :
TITLE

◦ 作者 :
AUTHOR

◦ 主 CP :
MAIN COUPLE

◦ 副 CP :
SECONDARY COUPLE

◦ 评价 : ☆☆☆☆☆
STAR-RATING

◦ 一句话短评 :
A SHORT COMMENT

◦ 为什么会选择去看这本小说 :
WHY DID YOU CHOOSE TO READ THIS BOOK

◦ 书评 / 观点 / 分析 / 碎碎念的话
REVIEW / VIEW POINT / ANALYSIS / NAGGING

陪 你 度 过 细 碎 的 时 光　　SPEND FINE TIME WITH YOU

◇ 同人涂鸦 / 美句
GRAFFITI / BEAUTIFUL WORDS

◇ 日期：
DATE

◇ 书名：
TITLE

◇ 作者：
AUTHOR

◇ 主 CP：
MAIN COUPLE

◇ 副 CP：
SECONDARY COUPLE

◇ 评价：　☆ ☆ ☆ ☆ ☆
STAR-RATING

◇ 一句话短评：
A SHORT COMMENT

◇ 为什么会选择去看这本小说：
WHY DID YOU CHOOSE TO READ THIS BOOK

◇ 书评 / 观点 / 分析 / 碎碎念的话
REVIEW / VIEW POINT / ANALYSIS / NAGGING

陪 你 度 过 细 碎 的 时 光　　　SPEND FINE TIME WITH YOU

◇ 同人涂鸦 / 美句
GRAFFITI / BEAUTIFUL WORDS

◇ 日期：　　　　　　　　　　◇ 书名：　　　　　　　　　　◇ 作者：
DATE　　　　　　　　　　　　TITLE　　　　　　　　　　　　AUTHOR

◇ 主 CP：　　　　　　　　　　◇ 副 CP：　　　　　　　　　　◇ 评价：　☆ ☆ ☆ ☆ ☆
MAIN COUPLE　　　　　　　　SECONDARY COUPLE　　　　　STAR-RATING

◇ 一句话短评：
A SHORT COMMENT

◇ 为什么会选择去看这本小说：
WHY DID YOU CHOOSE TO READ THIS BOOK

◇ 书评 / 观点 / 分析 / 碎碎念的话
REVIEW / VIEW POINT / ANALYSIS / NAGGING

◆《我的人生300问》

定价：35.00元　　////////哲学版真心话大冒险

有趣、怪诞、好玩，一本开启上帝视角的"问题之书"
一个问题帮你认清最真实的自己！
通过提问了解对方的三观，打开自己的世界。

◆《为你写下情书的每一页》

定价：43.00元　　////////字帖/情诗集

字帖/最美情书/手写创作/礼品/情书集

这是一本字帖，也是一封书信。
这是一纸情书，也是一本诗集。
这是一份礼品，也是一颗真心。

◆《写给你的情书，见字如面》

定价：58.00元　////////民国经典手写情书

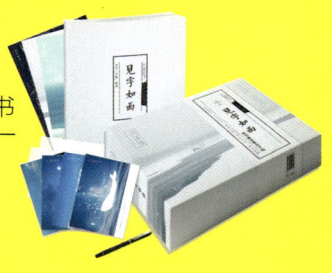

经典唯美情书读本、新概念夜光字帖、抄写
式互动字帖、练字速成字帖、高端文艺礼品

◆《我的爱情解答书》

定价：42.00元　　////////恋爱助攻神器

在你的爱情里，是否有一道题超纲了？
莫慌！恋爱这件小事So Easy!
《我的爱情解答书》，解决你所有感情上的困惑与
难题！

◆ **《告白的秘密》1、2**

定价：30元　////////3D立体爱情表白书

会说情话的书 、两款清新封面、传递爱的媒介、文艺装饰品
国内首本纯手工DIY表白神器
带你表白真心，收获爱情，探寻告白的秘密

◆ **《告白的秘密》3、4**

定价：36元　////////创意翻纸动画书

世界名画系列
纯手工diy 3D爱心立体表白神器
创意手绘版翻纸动画书
将书和动画结合起来，让图书不再局限于阅读
让表白变得"生动立体"起来

◆ **《今天吃什么》**

定价：35元　　　　　////////点餐玩具书

上帝帮你选择今天吃什么，超好玩的点餐玩具书，选择困难症的救赎指南

◆ **《女人到底在想什么》**

定价：35元　////////女性内心解答类"玩具书"

如果你不读这本书，女人的每句话都可能是你的送命题！
功效：缓解失眠、鉴定绿茶、专治不服

◆《微光尘埃》

定价：68元　　　///////////手工DIY刮画书

- ◆ 新型减压神器，一笔刮走烦恼
- ◆ 颠覆传统刮画，融入剪纸拼贴概念激发你的艺术潜能
- ◆ 简单方便易携带，随时随地都可以玩

赠全套刮画工具和专用装裱相框！

◆《雕刻时光》

定价：68元　　　///////////涂色刻纸减压书

当梦游仙境和中国传统的剪纸文化相遇，当陶冶情操与减压融为一体，你只需要拿起刻刀，按照书中所给的提示进行雕刻，就能在陶冶情操和减压的同时制作出清新唯美的手工作品！

◆《纸上花》

定价：68元　　　///////////刺绣零基础入门

国内第一本在纸上刺绣的创意书
刺绣零基础入门必备手册
让你在艺术创作的同时领略中华的传统文化

◆《长草颜团子手账》

定价：58元　　　///////////正版授权手账书

- ◆ 超萌超治愈的长草颜团子
- ◆ 功能八合一，人性化设计
- ◆ 督促你养成好习惯的手账
- ◆ 环保油墨，尺寸便携

漫娱文化 趣玩书系

市面太多书,都是执迷于"看"。在纸媒被互联网不断冲击后,"看"已经被手机、电脑、iPad、kindle等电子产品所代替,全民纸质阅读的时代已成为过去。我们一直在寻找纸质书的突破口,直到市场上出现《秘密花园》、《我的人生解答书》等现象级畅销书——

阅读体验可以被替代,但互动行为不能被复制。
未来图书市场,能够持续畅销走红的,是可以"玩"的互动书。

"书"也不再是单纯的纸质阅读物,它未来的身份是文具、玩具、是收藏品、是身份的象征、是连通你我心灵的媒介……

漫娱文化 趣玩系列 / 创意互动类玩具书　　　策划/慕容炒肉

◆《我的人生解答书》　定价:35.00元　////////命运占卜书

周冬雨、余文乐、金贤重等明星都在玩。叩问心灵、预测人生、抒解压力,超简单的玩法,却让每一个人都能沉浸其中,难以自拔!

这本书每一页只有一句话,诸如:
——是的。
——你认为是对的就去做吧。
……

具体的玩法是:
如果你有一个纠结的问题,将你的手放在书上专注10秒,心里想着这个问题,然后自然随机地翻开这本书的任意一页,你就会得到你问题的答案。

◆《玩坏这本书》1、2

定价:28.00元　////////人人都是创作大师

绘画、干花瓣、牙签、文字、针线、马克笔、狗毛……把这些词汇连在一起,你能创造出什么?你的脑子里能迸发出什么花火?平凡的你是否不甘平庸,也曾有过艺术家的梦想?对方不想和你说话,并向你扔出了这本书。

陪你度过细碎的时光　　SPEND FINE TIME WITH YOU

◇ 同人涂鸦 / 美句
GRAFFITI / BEAUTIFUL WORDS

◇ 日期：
DATE

◇ 书名：
TITLE

◇ 作者：
AUTHOR

◇ 主CP：
MAIN COUPLE

◇ 副CP：
SECONDARY COUPLE

◇ 评价：　☆☆☆☆☆
STAR-RATING

◇ 一句话短评：
A SHORT COMMENT

◇ 为什么会选择去看这本小说：
WHY DID YOU CHOOSE TO READ THIS BOOK

◇ 书评 / 观点 / 分析 / 碎碎念的话
REVIEW / VIEW POINT / ANALYSIS / NAGGING

陪 你 度 过 细 碎 的 时 光　　　　SPEND FINE TIME WITH YOU

◦ 同人涂鸦 / 美句
GRAFFITI / BEAUTIFUL WORDS

◦ 日期：
DATE

◦ 书名：
TITLE

◦ 作者：
AUTHOR

◦ 主CP：
MAIN COUPLE

◦ 副CP：
SECONDARY COUPLE

◦ 评价：☆ ☆ ☆ ☆ ☆
STAR-RATING

◦ 一句话短评：
A SHORT COMMENT

◦ 为什么会选择去看这本小说：
WHY DID YOU CHOOSE TO READ THIS BOOK

◦ 书评 / 观点 / 分析 / 碎碎念的话
REVIEW / VIEW POINT / ANALYSIS / NAGGING

陪 你 度 过 细 碎 的 时 光　　　SPEND FINE TIME WITH YOU

○ 同人涂鸦 / 美句
GRAFFITI / BEAUTIFUL WORDS

○ 日期：
DATE

○ 书名：
TITLE

○ 作者：
AUTHOR

○ 主 CP：
MAIN COUPLE

○ 副 CP：
SECONDARY COUPLE

○ 评价：☆☆☆☆☆
STAR-RATING

○ 一句话短评：
A SHORT COMMENT

○ 为什么会选择去看这本小说：
WHY DID YOU CHOOSE TO READ THIS BOOK

○ 书评 / 观点 / 分析 / 碎碎念的话
REVIEW / VIEW POINT / ANALYSIS / NAGGING

陪 你 度 过 细 碎 的 时 光　　　　SPEND FINE TIME WITH YOU

◦ 同人涂鸦 / 美句
GRAFFITI / BEAUTIFUL WORDS

◦ 日期：
DATE

◦ 书名：
TITLE

◦ 作者：
AUTHOR

◦ 主 CP：
MAIN COUPLE

◦ 副 CP：
SECONDARY COUPLE

◦ 评价：☆☆☆☆☆
STAR-RATING

◦ 一句话短评：
A SHORT COMMENT

◦ 为什么会选择去看这本小说：
WHY DID YOU CHOOSE TO READ THIS BOOK

◦ 书评 / 观点 / 分析 / 碎碎念的话
REVIEW / VIEW POINT / ANALYSIS / NAGGING

陪 你 度 过 细 碎 的 时 光　　SPEND FINE TIME WITH YOU

◇ 同人涂鸦 / 美句
GRAFFITI / BEAUTIFUL WORDS

◇ 日期：
DATE

◇ 书名：
TITLE

◇ 作者：
AUTHOR

◇ 主 CP：
MAIN COUPLE

◇ 副 CP：
SECONDARY COUPLE

◇ 评价：☆☆☆☆☆
STAR-RATING

◇ 一句话短评：
A SHORT COMMENT

◇ 为什么会选择去看这本小说：
WHY DID YOU CHOOSE TO READ THIS BOOK

◇ 书评 / 观点 / 分析 / 碎碎念的话
REVIEW / VIEW POINT / ANALYSIS / NAGGING

陪 你 度 过 细 碎 的 时 光　　SPEND FINE TIME WITH YOU

◦ 同人涂鸦 / 美句
GRAFFITI / BEAUTIFUL WORDS

◦ 日期：
DATE

◦ 书名：
TITLE

◦ 作者：
AUTHOR

◦ 主 CP：
MAIN COUPLE

◦ 副 CP：
SECONDARY COUPLE

◦ 评价：　☆ ☆ ☆ ☆ ☆
STAR-RATING

◦ 一句话短评：
A SHORT COMMENT

◦ 为什么会选择去看这本小说：
WHY DID YOU CHOOSE TO READ THIS BOOK

◦ 书评 / 观点 / 分析 / 碎碎念的话
REVIEW / VIEW POINT / ANALYSIS / NAGGING

陪 你 度 过 细 碎 的 时 光　　　　SPEND FINE TIME WITH YOU

◇ 同人涂鸦 / 美句
GRAFFITI / BEAUTIFUL WORDS

◇ 日期：
DATE

◇ 书名：
TITLE

◇ 作者：
AUTHOR

◇ 主 CP：
MAIN COUPLE

◇ 副 CP：
SECONDARY COUPLE

◇ 评价：　☆ ☆ ☆ ☆ ☆
STAR-RATING

◇ 一句话短评：
A SHORT COMMENT

◇ 为什么会选择去看这本小说：
WHY DID YOU CHOOSE TO READ THIS BOOK

◇ 书评 / 观点 / 分析 / 碎碎念的话
REVIEW / VIEW POINT / ANALYSIS / NAGGING

陪你度过细碎的时光　　SPEND FINE TIME WITH YOU

◦ 同人涂鸦 / 美句
GRAFFITI / BEAUTIFUL WORDS

◦ 日期：
DATE

◦ 书名：
TITLE

◦ 作者：
AUTHOR

◦ 主 CP：
MAIN COUPLE

◦ 副 CP：
SECONDARY COUPLE

◦ 评价：☆☆☆☆☆
STAR-RATING

◦ 一句话短评：
A SHORT COMMENT

◦ 为什么会选择去看这本小说：
WHY DID YOU CHOOSE TO READ THIS BOOK

◦ 书评 / 观点 / 分析 / 碎碎念的话
REVIEW / VIEW POINT / ANALYSIS / NAGGING

陪你度过细碎的时光　　　　SPEND FINE TIME WITH YOU

◇ 同人涂鸦 / 美句
GRAFFITI / BEAUTIFUL WORDS

◇ 日期：　　　　　　　　◇ 书名：　　　　　　　　　◇ 作者：
DATE　　　　　　　　　　TITLE　　　　　　　　　　　AUTHOR

◇ 主 CP：　　　　　　　　◇ 副 CP：　　　　　　　　　◇ 评价：☆☆☆☆☆
MAIN COUPLE　　　　　　SECONDARY COUPLE　　　　STAR-RATING

◇ 一句话短评：
A SHORT COMMENT

◇ 为什么会选择去看这本小说：
WHY DID YOU CHOOSE TO READ THIS BOOK

◇ 书评 / 观点 / 分析 / 碎碎念的话
REVIEW / VIEW POINT / ANALYSIS / NAGGING

陪你度过细碎的时光　　SPEND FINE TIME WITH YOU

◇ 同人涂鸦 / 美句
GRAFFITI / BEAUTIFUL WORDS

◇ 日期：
DATE

◇ 书名：
TITLE

◇ 作者：
AUTHOR

◇ 主 CP：
MAIN COUPLE

◇ 副 CP：
SECONDARY COUPLE

◇ 评价：☆☆☆☆☆
STAR-RATING

◇ 一句话短评：
A SHORT COMMENT

◇ 为什么会选择去看这本小说：
WHY DID YOU CHOOSE TO READ THIS BOOK

◇ 书评 / 观点 / 分析 / 碎碎念的话
REVIEW / VIEW POINT / ANALYSIS / NAGGING

陪 你 度 过 细 碎 的 时 光　　SPEND FINE TIME WITH YOU

◇ 同人涂鸦 / 美句
GRAFFITI / BEAUTIFUL WORDS

◇ 日期：
DATE

◇ 书名：
TITLE

◇ 作者：
AUTHOR

◇ 主CP：
MAIN COUPLE

◇ 副CP：
SECONDARY COUPLE

◇ 评价：☆☆☆☆☆
STAR-RATING

◇ 一句话短评：
A SHORT COMMENT

◇ 为什么会选择去看这本小说：
WHY DID YOU CHOOSE TO READ THIS BOOK

◇ 书评 / 观点 / 分析 / 碎碎念的话
REVIEW / VIEW POINT / ANALYSIS / NAGGING

陪你度过细碎的时光   SPEND FINE TIME WITH YOU

◦ 同人涂鸦 / 美句
GRAFFITI / BEAUTIFUL WORDS

◦ 日期：
DATE

◦ 书名：
TITLE

◦ 作者：
AUTHOR

◦ 主CP：
MAIN COUPLE

◦ 副CP：
SECONDARY COUPLE

◦ 评价：　☆ ☆ ☆ ☆ ☆
STAR-RATING

◦ 一句话短评：
A SHORT COMMENT

◦ 为什么会选择去看这本小说：
WHY DID YOU CHOOSE TO READ THIS BOOK

◦ 书评 / 观点 / 分析 / 碎碎念的话
REVIEW / VIEW POINT / ANALYSIS / NAGGING

陪 你 度 过 细 碎 的 时 光　　　　SPEND FINE TIME WITH YOU

◇ 同人涂鸦 / 美句
　GRAFFITI / BEAUTIFUL WORDS

◇ 日期：　　　　　　　　　　◇ 书名：　　　　　　　　　　◇ 作者：
　DATE　　　　　　　　　　　　TITLE　　　　　　　　　　　　AUTHOR

◇ 主 CP：　　　　　　　　　　◇ 副 CP：　　　　　　　　　　◇ 评价：　☆ ☆ ☆ ☆ ☆
　MAIN COUPLE　　　　　　　　SECONDARY COUPLE　　　　　　STAR-RATING

◇ 一句话短评：
　A SHORT COMMENT

◇ 为什么会选择去看这本小说：
　WHY DID YOU CHOOSE TO READ THIS BOOK

◇ 书评 / 观点 / 分析 / 碎碎念的话
　REVIEW / VIEW POINT / ANALYSIS / NAGGING

陪你度过细碎的时光　　SPEND FINE TIME WITH YOU

◇ 同人涂鸦 / 美句
GRAFFITI / BEAUTIFUL WORDS

◇ 日期：
DATE

◇ 书名：
TITLE

◇ 作者：
AUTHOR

◇ 主 CP：
MAIN COUPLE

◇ 副 CP：
SECONDARY COUPLE

◇ 评价：☆☆☆☆☆
STAR-RATING

◇ 一句话短评：
A SHORT COMMENT

◇ 为什么会选择去看这本小说：
WHY DID YOU CHOOSE TO READ THIS BOOK

◇ 书评 / 观点 / 分析 / 碎碎念的话
REVIEW / VIEW POINT / ANALYSIS / NAGGING

陪 你 度 过 细 碎 的 时 光　　　SPEND FINE TIME WITH YOU

◇ 同人涂鸦 / 美句
GRAFFITI / BEAUTIFUL WORDS

◇ 日期： ◇ 书名： ◇ 作者：
DATE　　　TITLE　　　AUTHOR

◇ 主 CP： ◇ 副 CP： ◇ 评价：☆☆☆☆☆
MAIN COUPLE　　SECONDARY COUPLE　　STAR-RATING

◇ 一句话短评：
A SHORT COMMENT

◇ 为什么会选择去看这本小说：
WHY DID YOU CHOOSE TO READ THIS BOOK

◇ 书评 / 观点 / 分析 / 碎碎念的话
REVIEW / VIEW POINT / ANALYSIS / NAGGING

陪 你 度 过 细 碎 的 时 光　　SPEND FINE TIME WITH YOU

◦ 同人涂鸦 / 美句
GRAFFITI / BEAUTIFUL WORDS

◦ 日期：
DATE

◦ 书名：
TITLE

◦ 作者：
AUTHOR

◦ 主 CP：
MAIN COUPLE

◦ 副 CP：
SECONDARY COUPLE

◦ 评价：☆☆☆☆☆
STAR-RATING

◦ 一句话短评：
A SHORT COMMENT

◦ 为什么会选择去看这本小说：
WHY DID YOU CHOOSE TO READ THIS BOOK

◦ 书评 / 观点 / 分析 / 碎碎念的话
REVIEW / VIEW POINT / ANALYSIS / NAGGING

陪你度过细碎的时光　　　　SPEND FINE TIME WITH YOU

○ 同人涂鸦 / 美句
GRAFFITI / BEAUTIFUL WORDS

○ 日期：
DATE

○ 书名：
TITLE

○ 作者：
AUTHOR

○ 主 CP：
MAIN COUPLE

○ 副 CP：
SECONDARY COUPLE

○ 评价：
STAR-RATING ☆☆☆☆☆

○ 一句话短评：
A SHORT COMMENT

○ 为什么会选择去看这本小说：
WHY DID YOU CHOOSE TO READ THIS BOOK

○ 书评 / 观点 / 分析 / 碎碎念的话
REVIEW / VIEW POINT / ANALYSIS / NAGGING

陪 你 度 过 细 碎 的 时 光　　SPEND FINE TIME WITH YOU

◦ 同人涂鸦 / 美句
GRAFFITI / BEAUTIFUL WORDS

◦ 日期：
DATE

◦ 书名：
TITLE

◦ 作者：
AUTHOR

◦ 主 CP：
MAIN COUPLE

◦ 副 CP：
SECONDARY COUPLE

◦ 评价：　☆ ☆ ☆ ☆ ☆
STAR-RATING

◦ 一句话短评：
A SHORT COMMENT

◦ 为什么会选择去看这本小说：
WHY DID YOU CHOOSE TO READ THIS BOOK

◦ 书评 / 观点 / 分析 / 碎碎念的话
REVIEW / VIEW POINT / ANALYSIS / NAGGING

陪你度过细碎的时光　　SPEND FINE TIME WITH YOU

○ 同人涂鸦 / 美句
GRAFFITI / BEAUTIFUL WORDS

○ 日期：
DATE

○ 书名：
TITLE

○ 作者：
AUTHOR

○ 主CP：
MAIN COUPLE

○ 副CP：
SECONDARY COUPLE

○ 评价：☆☆☆☆☆
STAR-RATING

○ 一句话短评：
A SHORT COMMENT

○ 为什么会选择去看这本小说：
WHY DID YOU CHOOSE TO READ THIS BOOK

○ 书评 / 观点 / 分析 / 碎碎念的话
REVIEW / VIEW POINT / ANALYSIS / NAGGING

陪 你 度 过 细 碎 的 时 光　　SPEND FINE TIME WITH YOU

◇ 同人涂鸦 / 美句
GRAFFITI / BEAUTIFUL WORDS

◇ 日期：
DATE

◇ 书名：
TITLE

◇ 作者：
AUTHOR

◇ 主 CP：
MAIN COUPLE

◇ 副 CP：
SECONDARY COUPLE

◇ 评价：☆☆☆☆☆
STAR-RATING

◇ 一句话短评：
A SHORT COMMENT

◇ 为什么会选择去看这本小说：
WHY DID YOU CHOOSE TO READ THIS BOOK

◇ 书评 / 观点 / 分析 / 碎碎念的话
REVIEW / VIEW POINT / ANALYSIS / NAGGING

陪你度过细碎的时光　SPEND FINE TIME WITH YOU

◇ 同人涂鸦 / 美句
GRAFFITI / BEAUTIFUL WORDS

◇ 日期：
DATE

◇ 书名：
TITLE

◇ 作者：
AUTHOR

◇ 主 CP：
MAIN COUPLE

◇ 副 CP：
SECONDARY COUPLE

◇ 评价： ☆ ☆ ☆ ☆ ☆
STAR-RATING

◇ 一句话短评：
A SHORT COMMENT

◇ 为什么会选择去看这本小说：
WHY DID YOU CHOOSE TO READ THIS BOOK

◇ 书评 / 观点 / 分析 / 碎碎念的话
REVIEW / VIEW POINT / ANALYSIS / NAGGING

陪 你 度 过 细 碎 的 时 光　　　　SPEND FINE TIME WITH YOU

◇ 同人涂鸦 / 美句
　GRAFFITI / BEAUTIFUL WORDS

◇ 日期：
　DATE

◇ 书名：
　TITLE

◇ 作者：
　AUTHOR

◇ 主 CP：
　MAIN COUPLE

◇ 副 CP：
　SECONDARY COUPLE

◇ 评价：☆☆☆☆☆
　STAR-RATING

◇ 一句话短评：
　A SHORT COMMENT

◇ 为什么会选择去看这本小说：
　WHY DID YOU CHOOSE TO READ THIS BOOK

◇ 书评 / 观点 / 分析 / 碎碎念的话
　REVIEW / VIEW POINT / ANALYSIS / NAGGING

陪 你 度 过 细 碎 的 时 光　　　　SPEND FINE TIME WITH YOU

◇ 同人涂鸦 / 美句
GRAFFITI / BEAUTIFUL WORDS

◇ 日期：
DATE

◇ 书名：
TITLE

◇ 作者：
AUTHOR

◇ 主 CP：
MAIN COUPLE

◇ 副 CP：
SECONDARY COUPLE

◇ 评价：☆☆☆☆☆
STAR-RATING

◇ 一句话短评：
A SHORT COMMENT

◇ 为什么会选择去看这本小说：
WHY DID YOU CHOOSE TO READ THIS BOOK

◇ 书评 / 观点 / 分析 / 碎碎念的话
REVIEW / VIEW POINT / ANALYSIS / NAGGING

陪你度过细碎的时光　　SPEND FINE TIME WITH YOU

◦ 同人涂鸦 / 美句
GRAFFITI / BEAUTIFUL WORDS

◦ 日期：
DATE

◦ 书名：
TITLE

◦ 作者：
AUTHOR

◦ 主 CP：
MAIN COUPLE

◦ 副 CP：
SECONDARY COUPLE

◦ 评价：☆☆☆☆☆
STAR-RATING

◦ 一句话短评：
A SHORT COMMENT

◦ 为什么会选择去看这本小说：
WHY DID YOU CHOOSE TO READ THIS BOOK

◦ 书评 / 观点 / 分析 / 碎碎念的话
REVIEW / VIEW POINT / ANALYSIS / NAGGING

陪 你 度 过 细 碎 的 时 光　　SPEND FINE TIME WITH YOU

○ 同人涂鸦 / 美句
GRAFFITI / BEAUTIFUL WORDS

○ 日期：
DATE

○ 书名：
TITLE

○ 作者：
AUTHOR

○ 主 CP：
MAIN COUPLE

○ 副 CP：
SECONDARY COUPLE

○ 评价：　☆ ☆ ☆ ☆ ☆
STAR-RATING

○ 一句话短评：
A SHORT COMMENT

○ 为什么会选择去看这本小说：
WHY DID YOU CHOOSE TO READ THIS BOOK

○ 书评 / 观点 / 分析 / 碎碎念的话
REVIEW / VIEW POINT / ANALYSIS / NAGGING

陪 你 度 过 细 碎 的 时 光　　　　SPEND FINE TIME WITH YOU

○ 同人涂鸦 / 美句
GRAFFITI / BEAUTIFUL WORDS

○ 日期：
DATE

○ 书名：
TITLE

○ 作者：
AUTHOR

○ 主 CP：
MAIN COUPLE

○ 副 CP：
SECONDARY COUPLE

○ 评价：☆☆☆☆☆
STAR-RATING

○ 一句话短评：
A SHORT COMMENT

○ 为什么会选择去看这本小说：
WHY DID YOU CHOOSE TO READ THIS BOOK

○ 书评 / 观点 / 分析 / 碎碎念的话
REVIEW / VIEW POINT / ANALYSIS / NAGGING

陪 你 度 过 细 碎 的 时 光　　　　SPEND FINE TIME WITH YOU

◦ 同人涂鸦 / 美句
GRAFFITI / BEAUTIFUL WORDS

◦ 日期：
DATE

◦ 书名：
TITLE

◦ 作者：
AUTHOR

◦ 主 CP：
MAIN COUPLE

◦ 副 CP：
SECONDARY COUPLE

◦ 评价：　☆☆☆☆☆
STAR-RATING

◦ 一句话短评：
A SHORT COMMENT

◦ 为什么会选择去看这本小说：
WHY DID YOU CHOOSE TO READ THIS BOOK

◦ 书评 / 观点 / 分析 / 碎碎念的话
REVIEW / VIEW POINT / ANALYSIS / NAGGING

陪你度过细碎的时光 SPEND FINE TIME WITH YOU

◦ 同人涂鸦 / 美句
GRAFFITI / BEAUTIFUL WORDS

◦ 日期：
DATE

◦ 书名：
TITLE

◦ 作者：
AUTHOR

◦ 主 CP：
MAIN COUPLE

◦ 副 CP：
SECONDARY COUPLE

◦ 评价： ☆ ☆ ☆ ☆ ☆
STAR-RATING

◦ 一句话短评：
A SHORT COMMENT

◦ 为什么会选择去看这本小说：
WHY DID YOU CHOOSE TO READ THIS BOOK

◦ 书评 / 观点 / 分析 / 碎碎念的话
REVIEW / VIEW POINT / ANALYSIS / NAGGING

陪 你 度 过 细 碎 的 时 光　　SPEND FINE TIME WITH YOU

◦ 同人涂鸦 / 美句
GRAFFITI / BEAUTIFUL WORDS

◦ 日期： DATE	◦ 书名： TITLE	◦ 作者： AUTHOR
◦ 主CP： MAIN COUPLE	◦ 副CP： SECONDARY COUPLE	◦ 评价： ☆☆☆☆☆ STAR-RATING

◦ 一句话短评：
A SHORT COMMENT

◦ 为什么会选择去看这本小说：
WHY DID YOU CHOOSE TO READ THIS BOOK

◦ 书评 / 观点 / 分析 / 碎碎念的话
REVIEW / VIEW POINT / ANALYSIS / NAGGING

陪你度过细碎的时光

SPEND FINE TIME WITH YOU

◦ 同人涂鸦 / 美句
GRAFFITI / BEAUTIFUL WORDS

◦ 日期:
DATE

◦ 书名:
TITLE

◦ 作者:
AUTHOR

◦ 主 CP:
MAIN COUPLE

◦ 副 CP:
SECONDARY COUPLE

◦ 评价: ☆☆☆☆☆
STAR-RATING

◦ 一句话短评:
A SHORT COMMENT

◦ 为什么会选择去看这本小说:
WHY DID YOU CHOOSE TO READ THIS BOOK

◦ 书评 / 观点 / 分析 / 碎碎念的话
REVIEW / VIEW POINT / ANALYSIS / NAGGING

陪 你 度 过 细 碎 的 时 光　　SPEND FINE TIME WITH YOU

◦ 同人涂鸦 / 美句
GRAFFITI / BEAUTIFUL WORDS

◦ 日期：
DATE

◦ 书名：
TITLE

◦ 作者：
AUTHOR

◦ 主 CP：
MAIN COUPLE

◦ 副 CP：
SECONDARY COUPLE

◦ 评价：☆☆☆☆☆
STAR-RATING

◦ 一句话短评：
A SHORT COMMENT

◦ 为什么会选择去看这本小说：
WHY DID YOU CHOOSE TO READ THIS BOOK

◦ 书评 / 观点 / 分析 / 碎碎念的话
REVIEW / VIEW POINT / ANALYSIS / NAGGING

陪 你 度 过 细 碎 的 时 光　　　　　SPEND FINE TIME WITH YOU

○ 同人涂鸦 / 美句
GRAFFITI / BEAUTIFUL WORDS

○ 日期：
DATE

○ 书名：
TITLE

○ 作者：
AUTHOR

○ 主 CP：
MAIN COUPLE

○ 副 CP：
SECONDARY COUPLE

○ 评价：☆☆☆☆☆
STAR-RATING

○ 一句话短评：
A SHORT COMMENT

○ 为什么会选择去看这本小说：
WHY DID YOU CHOOSE TO READ THIS BOOK

○ 书评 / 观点 / 分析 / 碎碎念的话
REVIEW / VIEW POINT / ANALYSIS / NAGGING

陪你度过细碎的时光　　SPEND FINE TIME WITH YOU

◇ 同人涂鸦 / 美句
GRAFFITI / BEAUTIFUL WORDS

◇ 日期：
DATE

◇ 书名：
TITLE

◇ 作者：
AUTHOR

◇ 主 CP：
MAIN COUPLE

◇ 副 CP：
SECONDARY COUPLE

◇ 评价：☆☆☆☆☆
STAR-RATING

◇ 一句话短评：
A SHORT COMMENT

◇ 为什么会选择去看这本小说：
WHY DID YOU CHOOSE TO READ THIS BOOK

◇ 书评 / 观点 / 分析 / 碎碎念的话
REVIEW / VIEW POINT / ANALYSIS / NAGGING

陪 你 度 过 细 碎 的 时 光　　　SPEND FINE TIME WITH YOU

◇ 同人涂鸦 / 美句
GRAFFITI / BEAUTIFUL WORDS

◇ 日期：
DATE

◇ 书名：
TITLE

◇ 作者：
AUTHOR

◇ 主 CP：
MAIN COUPLE

◇ 副 CP：
SECONDARY COUPLE

◇ 评价：☆☆☆☆☆
STAR-RATING

◇ 一句话短评：
A SHORT COMMENT

◇ 为什么会选择去看这本小说：
WHY DID YOU CHOOSE TO READ THIS BOOK

◇ 书评 / 观点 / 分析 / 碎碎念的话
REVIEW / VIEW POINT / ANALYSIS / NAGGING

陪 你 度 过 细 碎 的 时 光　　SPEND FINE TIME WITH YOU

◦ 同人涂鸦 / 美句
GRAFFITI / BEAUTIFUL WORDS

◦ 日期：
DATE

◦ 书名：
TITLE

◦ 作者：
AUTHOR

◦ 主 CP：
MAIN COUPLE

◦ 副 CP：
SECONDARY COUPLE

◦ 评价：　☆ ☆ ☆ ☆ ☆
STAR-RATING

◦ 一句话短评：
A SHORT COMMENT

◦ 为什么会选择去看这本小说：
WHY DID YOU CHOOSE TO READ THIS BOOK

◦ 书评 / 观点 / 分析 / 碎碎念的话
REVIEW / VIEW POINT / ANALYSIS / NAGGING

陪你度过细碎的时光　　SPEND FINE TIME WITH YOU

○ 同人涂鸦 / 美句
GRAFFITI / BEAUTIFUL WORDS

○ 日期：
DATE

○ 书名：
TITLE

○ 作者：
AUTHOR

○ 主 CP：
MAIN COUPLE

○ 副 CP：
SECONDARY COUPLE

○ 评价：　☆ ☆ ☆ ☆ ☆
STAR-RATING

○ 一句话短评：
A SHORT COMMENT

○ 为什么会选择去看这本小说：
WHY DID YOU CHOOSE TO READ THIS BOOK

○ 书评 / 观点 / 分析 / 碎碎念的话
REVIEW / VIEW POINT / ANALYSIS / NAGGING

陪 你 度 过 细 碎 的 时 光　　SPEND FINE TIME WITH YOU

○ 同人涂鸦 / 美句
GRAFFITI / BEAUTIFUL WORDS

○ 日期：
DATE

○ 书名：
TITLE

○ 作者：
AUTHOR

○ 主 CP：
MAIN COUPLE

○ 副 CP：
SECONDARY COUPLE

○ 评价：　☆☆☆☆☆
STAR-RATING

○ 一句话短评：
A SHORT COMMENT

○ 为什么会选择去看这本小说：
WHY DID YOU CHOOSE TO READ THIS BOOK

○ 书评 / 观点 / 分析 / 碎碎念的话
REVIEW / VIEW POINT / ANALYSIS / NAGGING

陪 你 度 过 细 碎 的 时 光　　　SPEND FINE TIME WITH YOU

◦ 同人涂鸦 / 美句
GRAFFITI / BEAUTIFUL WORDS

◦ 日期：
DATE

◦ 书名：
TITLE

◦ 作者：
AUTHOR

◦ 主 CP：
MAIN COUPLE

◦ 副 CP：
SECONDARY COUPLE

◦ 评价：　☆☆☆☆☆
STAR-RATING

◦ 一句话短评：
A SHORT COMMENT

◦ 为什么会选择去看这本小说：
WHY DID YOU CHOOSE TO READ THIS BOOK

◦ 书评 / 观点 / 分析 / 碎碎念的话
REVIEW / VIEW POINT / ANALYSIS / NAGGING

陪你度过细碎的时光　SPEND FINE TIME WITH YOU

○ 同人涂鸦 / 美句
GRAFFITI / BEAUTIFUL WORDS

○ 日期：
DATE

○ 书名：
TITLE

○ 作者：
AUTHOR

○ 主 CP：
MAIN COUPLE

○ 副 CP：
SECONDARY COUPLE

○ 评价：☆☆☆☆☆
STAR-RATING

○ 一句话短评：
A SHORT COMMENT

○ 为什么会选择去看这本小说：
WHY DID YOU CHOOSE TO READ THIS BOOK

○ 书评 / 观点 / 分析 / 碎碎念的话
REVIEW / VIEW POINT / ANALYSIS / NAGGING

陪 你 度 过 细 碎 的 时 光　　　　SPEND FINE TIME WITH YOU

◊ 同人涂鸦 / 美句
GRAFFITI / BEAUTIFUL WORDS

◊ 日期：
DATE

◊ 书名：
TITLE

◊ 作者：
AUTHOR

◊ 主CP：
MAIN COUPLE

◊ 副CP：
SECONDARY COUPLE

◊ 评价：　☆ ☆ ☆ ☆ ☆
STAR-RATING

◊ 一句话短评：
A SHORT COMMENT

◊ 为什么会选择去看这本小说：
WHY DID YOU CHOOSE TO READ THIS BOOK

◊ 书评 / 观点 / 分析 / 碎碎念的话
REVIEW / VIEW POINT / ANALYSIS / NAGGING

陪 你 度 过 细 碎 的 时 光　　SPEND FINE TIME WITH YOU

○ 同人涂鸦 / 美句
GRAFFITI / BEAUTIFUL WORDS

○ 日期：
DATE

○ 书名：
TITLE

○ 作者：
AUTHOR

○ 主 CP：
MAIN COUPLE

○ 副 CP：
SECONDARY COUPLE

○ 评价：　☆ ☆ ☆ ☆ ☆
STAR-RATING

○ 一句话短评：
A SHORT COMMENT

○ 为什么会选择去看这本小说：
WHY DID YOU CHOOSE TO READ THIS BOOK

○ 书评 / 观点 / 分析 / 碎碎念的话
REVIEW / VIEW POINT / ANALYSIS / NAGGING

陪 你 度 过 细 碎 的 时 光　　SPEND FINE TIME WITH YOU

◦ 同人涂鸦 / 美句
GRAFFITI / BEAUTIFUL WORDS

◦ 日期：
DATE

◦ 书名：
TITLE

◦ 作者：
AUTHOR

◦ 主 CP：
MAIN COUPLE

◦ 副 CP：
SECONDARY COUPLE

◦ 评价：☆☆☆☆☆
STAR-RATING

◦ 一句话短评：
A SHORT COMMENT

◦ 为什么会选择去看这本小说：
WHY DID YOU CHOOSE TO READ THIS BOOK

◦ 书评 / 观点 / 分析 / 碎碎念的话
REVIEW / VIEW POINT / ANALYSIS / NAGGING

陪 你 度 过 细 碎 的 时 光　　SPEND FINE TIME WITH YOU

○ 同人涂鸦 / 美句
GRAFFITI / BEAUTIFUL WORDS

○ 日期：
DATE

○ 书名：
TITLE

○ 作者：
AUTHOR

○ 主 CP：
MAIN COUPLE

○ 副 CP：
SECONDARY COUPLE

○ 评价：☆☆☆☆☆
STAR-RATING

○ 一句话短评：
A SHORT COMMENT

○ 为什么会选择去看这本小说：
WHY DID YOU CHOOSE TO READ THIS BOOK

○ 书评 / 观点 / 分析 / 碎碎念的话
REVIEW / VIEW POINT / ANALYSIS / NAGGING

陪你度过细碎的时光   SPEND FINE TIME WITH YOU

◦ 同人涂鸦 / 美句
GRAFFITI / BEAUTIFUL WORDS

◦ 日期：
DATE

◦ 书名：
TITLE

◦ 作者：
AUTHOR

◦ 主 CP：
MAIN COUPLE

◦ 副 CP：
SECONDARY COUPLE

◦ 评价：☆ ☆ ☆ ☆ ☆
STAR-RATING

◦ 一句话短评：
A SHORT COMMENT

◦ 为什么会选择去看这本小说：
WHY DID YOU CHOOSE TO READ THIS BOOK

◦ 书评 / 观点 / 分析 / 碎碎念的话
REVIEW / VIEW POINT / ANALYSIS / NAGGING

陪你度过细碎的时光　　SPEND FINE TIME WITH YOU

◇ 同人涂鸦 / 美句
GRAFFITI / BEAUTIFUL WORDS

◇ 日期：
DATE

◇ 书名：
TITLE

◇ 作者：
AUTHOR

◇ 主 CP：
MAIN COUPLE

◇ 副 CP：
SECONDARY COUPLE

◇ 评价：　☆☆☆☆☆
STAR-RATING

◇ 一句话短评：
A SHORT COMMENT

◇ 为什么会选择去看这本小说：
WHY DID YOU CHOOSE TO READ THIS BOOK

◇ 书评 / 观点 / 分析 / 碎碎念的话
REVIEW / VIEW POINT / ANALYSIS / NAGGING

陪 你 度 过 细 碎 的 时 光　　　　SPEND FINE TIME WITH YOU

◦ 同人涂鸦 / 美句
GRAFFITI / BEAUTIFUL WORDS

◦ 日期：　　　　　　　　　　◦ 书名：　　　　　　　　　　◦ 作者：
DATE　　　　　　　　　　　　TITLE　　　　　　　　　　　　AUTHOR

◦ 主CP：　　　　　　　　　　◦ 副CP：　　　　　　　　　　◦ 评价：☆☆☆☆☆
MAIN COUPLE　　　　　　　　SECONDARY COUPLE　　　　　STAR-RATING

◦ 一句话短评：
A SHORT COMMENT

◦ 为什么会选择去看这本小说：
WHY DID YOU CHOOSE TO READ THIS BOOK

◦ 书评 / 观点 / 分析 / 碎碎念的话
REVIEW / VIEW POINT / ANALYSIS / NAGGING

陪 你 度 过 细 碎 的 时 光　　　SPEND FINE TIME WITH YOU

◦ 同人涂鸦 / 美句
GRAFFITI / BEAUTIFUL WORDS

◦ 日期：
DATE

◦ 书名：
TITLE

◦ 作者：
AUTHOR

◦ 主 CP：
MAIN COUPLE

◦ 副 CP：
SECONDARY COUPLE

◦ 评价：☆ ☆ ☆ ☆ ☆
STAR-RATING

◦ 一句话短评：
A SHORT COMMENT

◦ 为什么会选择去看这本小说：
WHY DID YOU CHOOSE TO READ THIS BOOK

◦ 书评 / 观点 / 分析 / 碎碎念的话
REVIEW / VIEW POINT / ANALYSIS / NAGGING

陪 你 度 过 细 碎 的 时 光　　SPEND FINE TIME WITH YOU

◇ 同人涂鸦 / 美句
GRAFFITI / BEAUTIFUL WORDS

◇ 日期：
DATE

◇ 书名：
TITLE

◇ 作者：
AUTHOR

◇ 主 CP：
MAIN COUPLE

◇ 副 CP：
SECONDARY COUPLE

◇ 评价：　☆ ☆ ☆ ☆ ☆
STAR-RATING

◇ 一句话短评：
A SHORT COMMENT

◇ 为什么会选择去看这本小说：
WHY DID YOU CHOOSE TO READ THIS BOOK

◇ 书评 / 观点 / 分析 / 碎碎念的话
REVIEW / VIEW POINT / ANALYSIS / NAGGING

陪你度过细碎的时光　　SPEND FINE TIME WITH YOU

◇ 同人涂鸦 / 美句
GRAFFITI / BEAUTIFUL WORDS

◇ 日期：
DATE

◇ 书名：
TITLE

◇ 作者：
AUTHOR

◇ 主CP：
MAIN COUPLE

◇ 副CP：
SECONDARY COUPLE

◇ 评价：　☆ ☆ ☆ ☆ ☆
STAR-RATING

◇ 一句话短评：
A SHORT COMMENT

◇ 为什么会选择去看这本小说：
WHY DID YOU CHOOSE TO READ THIS BOOK

◇ 书评 / 观点 / 分析 / 碎碎念的话
REVIEW / VIEW POINT / ANALYSIS / NAGGING

陪 你 度 过 细 碎 的 时 光　　　　SPEND FINE TIME WITH YOU

◦ 同人涂鸦 / 美句
GRAFFITI / BEAUTIFUL WORDS

◦ 日期：　　　　　　　　　　◦ 书名：　　　　　　　　　　◦ 作者：
DATE　　　　　　　　　　　　TITLE　　　　　　　　　　　　AUTHOR

◦ 主 CP：　　　　　　　　　　◦ 副 CP：　　　　　　　　　◦ 评价：☆ ☆ ☆ ☆ ☆
MAIN COUPLE　　　　　　　　SECONDARY COUPLE　　　　　STAR-RATING

◦ 一句话短评：
A SHORT COMMENT

◦ 为什么会选择去看这本小说：
WHY DID YOU CHOOSE TO READ THIS BOOK

◦ 书评 / 观点 / 分析 / 碎碎念的话
REVIEW / VIEW POINT / ANALYSIS / NAGGING

随手写下的小故事

WRITE DOWN A SHORT STORY

随手写下的小故事
WRITE DOWN A SHORT STORY

随手写下的小故事
WRITE DOWN A SHORT STORY

随手写下的小故事
WRITE DOWN A SHORT STORY

随手写下的小故事
WRITE DOWN A SHORT STORY

随手写下的小故事
WRITE DOWN A SHORT STORY

随手写下的小故事
WRITE DOWN A SHORT STORY

随手写下的小故事
WRITE DOWN A SHORT STORY

随手写下的小故事
WRITE DOWN A SHORT STORY

随手写下的小故事
WRITE DOWN A SHORT STORY

随手写下的小故事
WRITE DOWN A SHORT STORY

随手写下的小故事
WRITE DOWN A SHORT STORY

随手写下的小故事
WRITE DOWN A SHORT STORY

随手写下的小故事
WRITE DOWN A SHORT STORY

随手写下的小故事
WRITE DOWN A SHORT STORY

随手写下的小故事
WRITE DOWN A SHORT STORY

随手写下的小故事
WRITE DOWN A SHORT STORY

随手写下的小故事

WRITE DOWN A SHORT STORY

不得不看的100本小说　　THE 100 MUST-SEE BOOKS

- 书名：
  TITLE
- 作者：
  AUTHOR
- CP：
  COUPLE
- 评分：　☆☆☆☆☆
  STAR-RATING
- 推荐理由：
  RECOMMENDED REASON

- 书名：
  TITLE
- 作者：
  AUTHOR
- CP：
  COUPLE
- 评分：　☆☆☆☆☆
  STAR-RATING
- 推荐理由：
  RECOMMENDED REASON

- 书名：
  TITLE
- 作者：
  AUTHOR
- CP：
  COUPLE
- 评分：　☆☆☆☆☆
  STAR-RATING
- 推荐理由：
  RECOMMENDED REASON

不得不看的100本小说　　THE 100 MUST-SEE BOOKS

- 书名：
  TITLE
- 作者：
  AUTHOR
- CP：
  COUPLE
- 评分：☆☆☆☆☆
  STAR-RATING
- 推荐理由：
  RECOMMENDED REASON

- 书名：
  TITLE
- 作者：
  AUTHOR
- CP：
  COUPLE
- 评分：☆☆☆☆☆
  STAR-RATING
- 推荐理由：
  RECOMMENDED REASON

- 书名：
  TITLE
- 作者：
  AUTHOR
- CP：
  COUPLE
- 评分：☆☆☆☆☆
  STAR-RATING
- 推荐理由：
  RECOMMENDED REASON

不得不看的100本小说 THE 100 MUST-SEE BOOKS

- 书名：
  TITLE
- 作者：
  AUTHOR
- CP：
  COUPLE
- 评分：☆☆☆☆☆
  STAR-RATING
- 推荐理由：
  RECOMMENDED REASON

- 书名：
  TITLE
- 作者：
  AUTHOR
- CP：
  COUPLE
- 评分：☆☆☆☆☆
  STAR-RATING
- 推荐理由：
  RECOMMENDED REASON

- 书名：
  TITLE
- 作者：
  AUTHOR
- CP：
  COUPLE
- 评分：☆☆☆☆☆
  STAR-RATING
- 推荐理由：
  RECOMMENDED REASON

不得不看的100本小说　　THE 100 MUST-SEE BOOKS

- 书名：
  TITLE
- 作者：
  AUTHOR
- CP：
  COUPLE
- 评分：☆☆☆☆☆
  STAR-RATING
- 推荐理由：
  RECOMMENDED REASON

- 书名：
  TITLE
- 作者：
  AUTHOR
- CP：
  COUPLE
- 评分：☆☆☆☆☆
  STAR-RATING
- 推荐理由：
  RECOMMENDED REASON

- 书名：
  TITLE
- 作者：
  AUTHOR
- CP：
  COUPLE
- 评分：☆☆☆☆☆
  STAR-RATING
- 推荐理由：
  RECOMMENDED REASON

不得不看的100本小说　　THE 100 MUST-SEE BOOKS

- 书名：
  TITLE
- 作者：
  AUTHOR
- CP：
  COUPLE
- 评分：　☆☆☆☆☆
  STAR-RATING
- 推荐理由：
  RECOMMENDED REASON

- 书名：
  TITLE
- 作者：
  AUTHOR
- CP：
  COUPLE
- 评分：　☆☆☆☆☆
  STAR-RATING
- 推荐理由：
  RECOMMENDED REASON

- 书名：
  TITLE
- 作者：
  AUTHOR
- CP：
  COUPLE
- 评分：　☆☆☆☆☆
  STAR-RATING
- 推荐理由：
  RECOMMENDED REASON

不得不看的100本小说　　THE 100 MUST-SEE BOOKS

◇ 书名：
TITLE

◇ 作者：
AUTHOR

◇ CP：
COUPLE

◇ 评分：☆☆☆☆☆
STAR-RATING

◇ 推荐理由：
RECOMMENDED REASON

◇ 书名：
TITLE

◇ 作者：
AUTHOR

◇ CP：
COUPLE

◇ 评分：☆☆☆☆☆
STAR-RATING

◇ 推荐理由：
RECOMMENDED REASON

◇ 书名：
TITLE

◇ 作者：
AUTHOR

◇ CP：
COUPLE

◇ 评分：☆☆☆☆☆
STAR-RATING

◇ 推荐理由：
RECOMMENDED REASON

不得不看的100本小说　　THE 100 MUST-SEE BOOKS

- 书名：
  TITLE
- 作者：
  AUTHOR
- CP：
  COUPLE
- 评分：☆☆☆☆☆
  STAR-RATING
- 推荐理由：
  RECOMMENDED REASON

- 书名：
  TITLE
- 作者：
  AUTHOR
- CP：
  COUPLE
- 评分：☆☆☆☆☆
  STAR-RATING
- 推荐理由：
  RECOMMENDED REASON

- 书名：
  TITLE
- 作者：
  AUTHOR
- CP：
  COUPLE
- 评分：☆☆☆☆☆
  STAR-RATING
- 推荐理由：
  RECOMMENDED REASON

不得不看的100本小说　　THE 100 MUST-SEE BOOKS

◦ 书名：
TITLE

◦ 作者：
AUTHOR

◦ CP：
COUPLE

◦ 评分：☆☆☆☆☆
STAR-RATING

◦ 推荐理由：
RECOMMENDED REASON

◦ 书名：
TITLE

◦ 作者：
AUTHOR

◦ CP：
COUPLE

◦ 评分：☆☆☆☆☆
STAR-RATING

◦ 推荐理由：
RECOMMENDED REASON

◦ 书名：
TITLE

◦ 作者：
AUTHOR

◦ CP：
COUPLE

◦ 评分：☆☆☆☆☆
STAR-RATING

◦ 推荐理由：
RECOMMENDED REASON

不 得 不 看 的 100 本 小 说　　　　THE 100 MUST-SEE BOOKS

◇ 书名：
TITLE

◇ 作者：
AUTHOR

◇ CP：
COUPLE

◇ 评分：☆☆☆☆☆
STAR-RATING

◇ 推荐理由：
RECOMMENDED REASON

◇ 书名：
TITLE

◇ 作者：
AUTHOR

◇ CP：
COUPLE

◇ 评分：☆☆☆☆☆
STAR-RATING

◇ 推荐理由：
RECOMMENDED REASON

◇ 书名：
TITLE

◇ 作者：
AUTHOR

◇ CP：
COUPLE

◇ 评分：☆☆☆☆☆
STAR-RATING

◇ 推荐理由：
RECOMMENDED REASON

不得不看的100本小说　　THE 100 MUST-SEE BOOKS

◇ 书名：
TITLE

◇ 作者：
AUTHOR

◇ CP：
COUPLE

◇ 评分：　☆ ☆ ☆ ☆ ☆
STAR-RATING

◇ 推荐理由：
RECOMMENDED REASON

◇ 书名：
TITLE

◇ 作者：
AUTHOR

◇ CP：
COUPLE

◇ 评分：　☆ ☆ ☆ ☆ ☆
STAR-RATING

◇ 推荐理由：
RECOMMENDED REASON

◇ 书名：
TITLE

◇ 作者：
AUTHOR

◇ CP：
COUPLE

◇ 评分：　☆ ☆ ☆ ☆ ☆
STAR-RATING

◇ 推荐理由：
RECOMMENDED REASON

不 得 不 看 的 100 本 小 说   THE 100 MUST-SEE BOOKS

- 书名：
  TITLE
- 作者：
  AUTHOR
- CP：
  COUPLE
- 评分：☆ ☆ ☆ ☆ ☆
  STAR-RATING
- 推荐理由：
  RECOMMENDED REASON

- 书名：
  TITLE
- 作者：
  AUTHOR
- CP：
  COUPLE
- 评分：☆ ☆ ☆ ☆ ☆
  STAR-RATING
- 推荐理由：
  RECOMMENDED REASON

- 书名：
  TITLE
- 作者：
  AUTHOR
- CP：
  COUPLE
- 评分：☆ ☆ ☆ ☆ ☆
  STAR-RATING
- 推荐理由：
  RECOMMENDED REASON

不 得 不 看 的 100 本 小 说   THE 100 MUST-SEE BOOKS

◦ 书名：
TITLE

◦ 作者：
AUTHOR

◦ CP：
COUPLE

◦ 评分：☆☆☆☆☆
STAR-RATING

◦ 推荐理由：
RECOMMENDED REASON

◦ 书名：
TITLE

◦ 作者：
AUTHOR

◦ CP：
COUPLE

◦ 评分：☆☆☆☆☆
STAR-RATING

◦ 推荐理由：
RECOMMENDED REASON

◦ 书名：
TITLE

◦ 作者：
AUTHOR

◦ CP：
COUPLE

◦ 评分：☆☆☆☆☆
STAR-RATING

◦ 推荐理由：
RECOMMENDED REASON

不得不看的100本小说　　THE 100 MUST-SEE BOOKS

- 书名：
  TITLE
- 作者：
  AUTHOR
- CP：
  COUPLE
- 评分：　☆☆☆☆☆
  STAR-RATING
- 推荐理由：
  RECOMMENDED REASON

- 书名：
  TITLE
- 作者：
  AUTHOR
- CP：
  COUPLE
- 评分：　☆☆☆☆☆
  STAR-RATING
- 推荐理由：
  RECOMMENDED REASON

- 书名：
  TITLE
- 作者：
  AUTHOR
- CP：
  COUPLE
- 评分：　☆☆☆☆☆
  STAR-RATING
- 推荐理由：
  RECOMMENDED REASON

不得不看的100本小说 THE 100 MUST-SEE BOOKS

◊ 书名：
TITLE

◊ 作者：
AUTHOR

◊ CP：
COUPLE

◊ 评分：☆☆☆☆☆
STAR-RATING

◊ 推荐理由：
RECOMMENDED REASON

◊ 书名：
TITLE

◊ 作者：
AUTHOR

◊ CP：
COUPLE

◊ 评分：☆☆☆☆☆
STAR-RATING

◊ 推荐理由：
RECOMMENDED REASON

◊ 书名：
TITLE

◊ 作者：
AUTHOR

◊ CP：
COUPLE

◊ 评分：☆☆☆☆☆
STAR-RATING

◊ 推荐理由：
RECOMMENDED REASON

不得不看的100本小说　　THE 100 MUST-SEE BOOKS

◊ 书名：
　TITLE

◊ 作者：
　AUTHOR

◊ CP：
　COUPLE

◊ 评分： ☆☆☆☆☆
　STAR-RATING

◊ 推荐理由：
　RECOMMENDED REASON

◊ 书名：
　TITLE

◊ 作者：
　AUTHOR

◊ CP：
　COUPLE

◊ 评分： ☆☆☆☆☆
　STAR-RATING

◊ 推荐理由：
　RECOMMENDED REASON

◊ 书名：
　TITLE

◊ 作者：
　AUTHOR

◊ CP：
　COUPLE

◊ 评分： ☆☆☆☆☆
　STAR-RATING

◊ 推荐理由：
　RECOMMENDED REASON

不得不看的100本小说　　　　THE 100 MUST-SEE BOOKS

◦ 书名：
  TITLE

◦ 作者：
  AUTHOR

◦ CP：
  COUPLE

◦ 评分：　☆ ☆ ☆ ☆ ☆
  STAR-RATING

◦ 推荐理由：
  RECOMMENDED REASON

◦ 书名：
  TITLE

◦ 作者：
  AUTHOR

◦ CP：
  COUPLE

◦ 评分：　☆ ☆ ☆ ☆ ☆
  STAR-RATING

◦ 推荐理由：
  RECOMMENDED REASON

◦ 书名：
  TITLE

◦ 作者：
  AUTHOR

◦ CP：
  COUPLE

◦ 评分：　☆ ☆ ☆ ☆ ☆
  STAR-RATING

◦ 推荐理由：
  RECOMMENDED REASON

不得不看的100本小说　　THE 100 MUST-SEE BOOKS

◇ 书名：　　　　　　　　　　　　　　　　◇ 作者：
　TITLE　　　　　　　　　　　　　　　　　　AUTHOR

◇ CP：　　　　　　　　　　　　　　　　　◇ 评分：☆☆☆☆☆
　COUPLE　　　　　　　　　　　　　　　　　STAR-RATING

◇ 推荐理由：
　RECOMMENDED REASON

◇ 书名：　　　　　　　　　　　　　　　　◇ 作者：
　TITLE　　　　　　　　　　　　　　　　　　AUTHOR

◇ CP：　　　　　　　　　　　　　　　　　◇ 评分：☆☆☆☆☆
　COUPLE　　　　　　　　　　　　　　　　　STAR-RATING

◇ 推荐理由：
　RECOMMENDED REASON

◇ 书名：　　　　　　　　　　　　　　　　◇ 作者：
　TITLE　　　　　　　　　　　　　　　　　　AUTHOR

◇ CP：　　　　　　　　　　　　　　　　　◇ 评分：☆☆☆☆☆
　COUPLE　　　　　　　　　　　　　　　　　STAR-RATING

◇ 推荐理由：
　RECOMMENDED REASON

不得不看的100本小说　　THE 100 MUST-SEE BOOKS

- 书名： / TITLE
- 作者： / AUTHOR
- CP： / COUPLE
- 评分： / STAR-RATING ☆☆☆☆☆
- 推荐理由： / RECOMMENDED REASON

- 书名： / TITLE
- 作者： / AUTHOR
- CP： / COUPLE
- 评分： / STAR-RATING ☆☆☆☆☆
- 推荐理由： / RECOMMENDED REASON

- 书名： / TITLE
- 作者： / AUTHOR
- CP： / COUPLE
- 评分： / STAR-RATING ☆☆☆☆☆
- 推荐理由： / RECOMMENDED REASON

不得不看的100本小说   THE 100 MUST-SEE BOOKS

- 书名 / TITLE：
- 作者 / AUTHOR：
- CP / COUPLE：
- 评分 / STAR-RATING：☆☆☆☆☆
- 推荐理由 / RECOMMENDED REASON：

- 书名 / TITLE：
- 作者 / AUTHOR：
- CP / COUPLE：
- 评分 / STAR-RATING：☆☆☆☆☆
- 推荐理由 / RECOMMENDED REASON：

- 书名 / TITLE：
- 作者 / AUTHOR：
- CP / COUPLE：
- 评分 / STAR-RATING：☆☆☆☆☆
- 推荐理由 / RECOMMENDED REASON：

不得不看的100本小说　　THE 100 MUST-SEE BOOKS

- 书名：
  TITLE

- 作者：
  AUTHOR

- CP：
  COUPLE

- 评分：☆☆☆☆☆
  STAR-RATING

- 推荐理由：
  RECOMMENDED REASON

- 书名：
  TITLE

- 作者：
  AUTHOR

- CP：
  COUPLE

- 评分：☆☆☆☆☆
  STAR-RATING

- 推荐理由：
  RECOMMENDED REASON

- 书名：
  TITLE

- 作者：
  AUTHOR

- CP：
  COUPLE

- 评分：☆☆☆☆☆
  STAR-RATING

- 推荐理由：
  RECOMMENDED REASON

不得不看的100本小说　　　　　THE 100 MUST-SEE BOOKS

- 书名：
  TITLE
- CP：
  COUPLE
- 推荐理由：
  RECOMMENDED REASON

- 作者：
  AUTHOR
- 评分：☆☆☆☆☆
  STAR-RATING

- 书名：
  TITLE
- CP：
  COUPLE
- 推荐理由：
  RECOMMENDED REASON

- 作者：
  AUTHOR
- 评分：☆☆☆☆☆
  STAR-RATING

- 书名：
  TITLE
- CP：
  COUPLE
- 推荐理由：
  RECOMMENDED REASON

- 作者：
  AUTHOR
- 评分：☆☆☆☆☆
  STAR-RATING

不 得 不 看 的 100 本 小 说　　　　THE 100 MUST-SEE BOOKS

◇ 书名：
TITLE

◇ 作者：
AUTHOR

◇ CP：
COUPLE

◇ 评分：　☆ ☆ ☆ ☆ ☆
STAR-RATING

◇ 推荐理由：
RECOMMENDED REASON

◇ 书名：
TITLE

◇ 作者：
AUTHOR

◇ CP：
COUPLE

◇ 评分：　☆ ☆ ☆ ☆ ☆
STAR-RATING

◇ 推荐理由：
RECOMMENDED REASON

◇ 书名：
TITLE

◇ 作者：
AUTHOR

◇ CP：
COUPLE

◇ 评分：　☆ ☆ ☆ ☆ ☆
STAR-RATING

◇ 推荐理由：
RECOMMENDED REASON

不得不看的100本小说　　THE 100 MUST-SEE BOOKS

- 书名：
  TITLE
- 作者：
  AUTHOR
- CP：
  COUPLE
- 评分：☆☆☆☆☆
  STAR-RATING
- 推荐理由：
  RECOMMENDED REASON

- 书名：
  TITLE
- 作者：
  AUTHOR
- CP：
  COUPLE
- 评分：☆☆☆☆☆
  STAR-RATING
- 推荐理由：
  RECOMMENDED REASON

- 书名：
  TITLE
- 作者：
  AUTHOR
- CP：
  COUPLE
- 评分：☆☆☆☆☆
  STAR-RATING
- 推荐理由：
  RECOMMENDED REASON

不 得 不 看 的 100 本 小 说   THE 100 MUST-SEE BOOKS

◇ 书名：
TITLE

◇ 作者：
AUTHOR

◇ CP：
COUPLE

◇ 评分： ☆ ☆ ☆ ☆ ☆
STAR-RATING

◇ 推荐理由：
RECOMMENDED REASON

◇ 书名：
TITLE

◇ 作者：
AUTHOR

◇ CP：
COUPLE

◇ 评分： ☆ ☆ ☆ ☆ ☆
STAR-RATING

◇ 推荐理由：
RECOMMENDED REASON

◇ 书名：
TITLE

◇ 作者：
AUTHOR

◇ CP：
COUPLE

◇ 评分： ☆ ☆ ☆ ☆ ☆
STAR-RATING

◇ 推荐理由：
RECOMMENDED REASON

不得不看的100本小说　　　　THE 100 MUST-SEE BOOKS

- 书名 : TITLE
- 作者 : AUTHOR
- CP : COUPLE
- 评分 : STAR-RATING ☆☆☆☆☆
- 推荐理由 : RECOMMENDED REASON

- 书名 : TITLE
- 作者 : AUTHOR
- CP : COUPLE
- 评分 : STAR-RATING ☆☆☆☆☆
- 推荐理由 : RECOMMENDED REASON

- 书名 : TITLE
- 作者 : AUTHOR
- CP : COUPLE
- 评分 : STAR-RATING ☆☆☆☆☆
- 推荐理由 : RECOMMENDED REASON

不 得 不 看 的 100 本 小 说　　　　THE 100 MUST-SEE BOOKS

◇ 书名：
TITLE

◇ 作者：
AUTHOR

◇ CP：
COUPLE

◇ 评分：☆☆☆☆☆
STAR-RATING

◇ 推荐理由：
RECOMMENDED REASON

◇ 书名：
TITLE

◇ 作者：
AUTHOR

◇ CP：
COUPLE

◇ 评分：☆☆☆☆☆
STAR-RATING

◇ 推荐理由：
RECOMMENDED REASON

◇ 书名：
TITLE

◇ 作者：
AUTHOR

◇ CP：
COUPLE

◇ 评分：☆☆☆☆☆
STAR-RATING

◇ 推荐理由：
RECOMMENDED REASON

不得不看的100本小说　　THE 100 MUST-SEE BOOKS

◇ 书名：
TITLE

◇ 作者：
AUTHOR

◇ CP：
COUPLE

◇ 评分：　☆☆☆☆☆
STAR-RATING

◇ 推荐理由：
RECOMMENDED REASON

◇ 书名：
TITLE

◇ 作者：
AUTHOR

◇ CP：
COUPLE

◇ 评分：　☆☆☆☆☆
STAR-RATING

◇ 推荐理由：
RECOMMENDED REASON

◇ 书名：
TITLE

◇ 作者：
AUTHOR

◇ CP：
COUPLE

◇ 评分：　☆☆☆☆☆
STAR-RATING

◇ 推荐理由：
RECOMMENDED REASON

不 得 不 看 的 100 本 小 说   THE 100 MUST-SEE BOOKS

◇ 书名:
TITLE

◇ 作者:
AUTHOR

◇ CP:
COUPLE

◇ 评分: ☆☆☆☆☆
STAR-RATING

◇ 推荐理由:
RECOMMENDED REASON

◇ 书名:
TITLE

◇ 作者:
AUTHOR

◇ CP:
COUPLE

◇ 评分: ☆☆☆☆☆
STAR-RATING

◇ 推荐理由:
RECOMMENDED REASON

◇ 书名:
TITLE

◇ 作者:
AUTHOR

◇ CP:
COUPLE

◇ 评分: ☆☆☆☆☆
STAR-RATING

◇ 推荐理由:
RECOMMENDED REASON

不得不看的100本小说　　THE 100 MUST-SEE BOOKS

- 书名： TITLE
- 作者： AUTHOR
- CP： COUPLE
- 评分： STAR-RATING ☆☆☆☆☆
- 推荐理由： RECOMMENDED REASON

- 书名： TITLE
- 作者： AUTHOR
- CP： COUPLE
- 评分： STAR-RATING ☆☆☆☆☆
- 推荐理由： RECOMMENDED REASON

- 书名： TITLE
- 作者： AUTHOR
- CP： COUPLE
- 评分： STAR-RATING ☆☆☆☆☆
- 推荐理由： RECOMMENDED REASON

不 得 不 看 的 100 本 小 说　　　　THE 100 MUST-SEE BOOKS

◦ 书名：
　TITLE

◦ 作者：
　AUTHOR

◦ CP：
　COUPLE

◦ 评分：　☆ ☆ ☆ ☆ ☆
　STAR-RATING

◦ 推荐理由：
　RECOMMENDED REASON

◦ 书名：
　TITLE

◦ 作者：
　AUTHOR

◦ CP：
　COUPLE

◦ 评分：　☆ ☆ ☆ ☆ ☆
　STAR-RATING

◦ 推荐理由：
　RECOMMENDED REASON

◦ 书名：
　TITLE

◦ 作者：
　AUTHOR

◦ CP：
　COUPLE

◦ 评分：　☆ ☆ ☆ ☆ ☆
　STAR-RATING

◦ 推荐理由：
　RECOMMENDED REASON

人生必读的 50 本书　　　50 BOOKS TO READ BEFORE YOU DIE

◇书名： TITLE	《荷马史诗·奥德赛》
◇作者： AUTHOR	荷马
◇备注： REMARK	

◇书名： TITLE	《时间简史》
◇作者： AUTHOR	史蒂芬·霍金
◇备注： REMARK	

◇书名： TITLE	《全球通史》
◇作者： AUTHOR	斯塔夫里阿诺斯
◇备注： REMARK	

◇书名： TITLE	《资本论》
◇作者： AUTHOR	卡尔·马克思
◇备注： REMARK	

◇书名： TITLE	《人生的智慧》
◇作者： AUTHOR	叔本华
◇备注： REMARK	

◇书名： TITLE	《社会性动物》
◇作者： AUTHOR	艾略特·阿伦森
◇备注： REMARK	

◇书名： TITLE	《从一到无穷大》
◇作者： AUTHOR	G·伽莫夫
◇备注： REMARK	

◇书名： TITLE	《枪炮、病菌与钢铁》
◇作者： AUTHOR	贾雷德·戴蒙德
◇备注： REMARK	

◇书名： TITLE	《艺术的故事》
◇作者： AUTHOR	贡布里希
◇备注： REMARK	

◇书名： TITLE	《神曲》
◇作者： AUTHOR	但丁
◇备注： REMARK	

人生必读的 50 本书　　50 BOOKS TO READ BEFORE YOU DIE

◊ 书名：TITLE	《哈姆雷特》
◊ 作者：AUTHOR	莎士比亚
◊ 备注：REMARK	

◊ 书名：TITLE	《悲惨世界》
◊ 作者：AUTHOR	雨果
◊ 备注：REMARK	

◊ 书名：TITLE	《追忆似水年华》
◊ 作者：AUTHOR	马塞尔·普鲁斯特
◊ 备注：REMARK	

◊ 书名：TITLE	《战争与和平》
◊ 作者：AUTHOR	列夫·托尔斯泰
◊ 备注：REMARK	

◊ 书名：TITLE	《百年孤独》
◊ 作者：AUTHOR	加夫列尔·加西亚·马尔克斯
◊ 备注：REMARK	

◊ 书名：TITLE	《飘》
◊ 作者：AUTHOR	玛格丽特·米切尔
◊ 备注：REMARK	

◊ 书名：TITLE	《老人与海》
◊ 作者：AUTHOR	海明威
◊ 备注：REMARK	

◊ 书名：TITLE	《1984》
◊ 作者：AUTHOR	乔治·奥威尔
◊ 备注：REMARK	

◊ 书名：TITLE	《小王子》
◊ 作者：AUTHOR	圣埃克苏佩里
◊ 备注：REMARK	

◊ 书名：TITLE	《杀死一只知更鸟》
◊ 作者：AUTHOR	哈珀·李
◊ 备注：REMARK	

人生必读的 50 本书　　50 BOOKS TO READ BEFORE YOU DIE

◦ 书名：TITLE	《雪国》
◦ 作者：AUTHOR	川端康成
◦ 备注：REMARK	

◦ 书名：TITLE	《论语》
◦ 作者：AUTHOR	孔子弟子
◦ 备注：REMARK	

◦ 书名：TITLE	《道德经》
◦ 作者：AUTHOR	老子
◦ 备注：REMARK	

◦ 书名：TITLE	《诗经》
◦ 作者：AUTHOR	佚名，传为 尹吉甫采集、孔子编订
◦ 备注：REMARK	

◦ 书名：TITLE	《孙子兵法》
◦ 作者：AUTHOR	孙武
◦ 备注：REMARK	

◦ 书名：TITLE	《史记》
◦ 作者：AUTHOR	司马迁
◦ 备注：REMARK	

◦ 书名：TITLE	《世说新语》
◦ 作者：AUTHOR	刘义庆等
◦ 备注：REMARK	

◦ 书名：TITLE	《资治通鉴》
◦ 作者：AUTHOR	司马光
◦ 备注：REMARK	

◦ 书名：TITLE	《红楼梦》
◦ 作者：AUTHOR	曹雪芹
◦ 备注：REMARK	

◦ 书名：TITLE	《人间词话》
◦ 作者：AUTHOR	王国维
◦ 备注：REMARK	

人生必读的50本书　50 BOOKS TO READ BEFORE YOU DIE

○书名：TITLE	《鲁迅全集》
○作者：AUTHOR	鲁迅
○备注：REMARK	

○书名：TITLE	《中国哲学简史》
○作者：AUTHOR	冯友兰
○备注：REMARK	

○书名：TITLE	《围城》
○作者：AUTHOR	钱钟书
○备注：REMARK	

○书名：TITLE	《边城》
○作者：AUTHOR	沈从文
○备注：REMARK	

○书名：TITLE	《美的历程》
○作者：AUTHOR	李泽厚
○备注：REMARK	

○书名：TITLE	《南渡北归》
○作者：AUTHOR	岳南
○备注：REMARK	

○书名：TITLE	《南京浩劫——被遗忘的大屠杀》
○作者：AUTHOR	张纯如
○备注：REMARK	

○书名：TITLE	《万历十五年》
○作者：AUTHOR	黄仁宇
○备注：REMARK	

○书名：TITLE	《白鹿原》
○作者：AUTHOR	陈忠实
○备注：REMARK	

○书名：TITLE	《平凡的世界》
○作者：AUTHOR	路遥
○备注：REMARK	

人生必读的 50 本书   50 BOOKS TO READ BEFORE YOU DIE

○ 书名：TITLE	《海子诗全集》
○ 作者：AUTHOR	海子
○ 备注：REMARK	

○ 书名：TITLE	《红高粱》
○ 作者：AUTHOR	莫言
○ 备注：REMARK	

○ 书名：TITLE	《活着》
○ 作者：AUTHOR	余华
○ 备注：REMARK	

○ 书名：TITLE	《我与地坛》
○ 作者：AUTHOR	史铁生
○ 备注：REMARK	

○ 书名：TITLE	《穆斯林的葬礼》
○ 作者：AUTHOR	霍达
○ 备注：REMARK	

○ 书名：TITLE	《文学回忆录》
○ 作者：AUTHOR	木心 口述 / 陈丹青 笔录
○ 备注：REMARK	

○ 书名：TITLE	《目送》
○ 作者：AUTHOR	龙应台
○ 备注：REMARK	

○ 书名：TITLE	《激荡三十年》
○ 作者：AUTHOR	吴晓波
○ 备注：REMARK	

○ 书名：TITLE	《尘埃落定》
○ 作者：AUTHOR	阿来
○ 备注：REMARK	

○ 书名：TITLE	《上帝掷骰子吗》
○ 作者：AUTHOR	曹天元
○ 备注：REMARK	

分 类 · 言 情　　　　　　　　　　　　ROMANCE

书名：	《有匪》	书名：	《那个不为人知的故事》
作者：	Priest	作者：	Twentine
备注：		备注：	

书名：	《骄阳似我》	书名：	《簪中录》
作者：	顾漫	作者：	侧侧轻寒
备注：		备注：	

书名：	《他知道风从哪个方向来》	书名：	《长相思》
作者：	玖月晞	作者：	桐华
备注：		备注：	

书名：	《他来了，请闭眼》	书名：	《良辰讵可待》
作者：	丁墨	作者：	晴空蓝兮
备注：		备注：	

书名：	《知否？知否？应是绿肥红瘦》	书名：	《一生一世美人骨》
作者：	关心则乱	作者：	墨宝非宝
备注：		备注：	

书名：	《误入浮华》	书名：	《时间都知道》
作者：	不经语	作者：	随侯珠
备注：		备注：	

分类 。 纯爱　　　　　　　　　　　　　　　TRUELOVE

○ 书名：TITLE	《魔道祖师》	○ 书名：TITLE	《大哥》
○ 作者：AUTHOR	墨香铜臭	○ 作者：AUTHOR	Priest
○ 备注：REMARK		○ 备注：REMARK	
○ 书名：TITLE	《提灯映桃花》	○ 书名：TITLE	《异世流放》
○ 作者：AUTHOR	淮上	○ 作者：AUTHOR	易人北
○ 备注：REMARK		○ 备注：REMARK	
○ 书名：TITLE	《成化十四年》	○ 书名：TITLE	《相见欢》
○ 作者：AUTHOR	梦溪石	○ 作者：AUTHOR	非天夜翔
○ 备注：REMARK		○ 备注：REMARK	
○ 书名：TITLE	《蚌珠儿》	○ 书名：TITLE	《魔王》
○ 作者：AUTHOR	老草吃嫩牛	○ 作者：AUTHOR	月下桑
○ 备注：REMARK		○ 备注：REMARK	
○ 书名：TITLE	《宿将》	○ 书名：TITLE	《船长偏头痛》
○ 作者：AUTHOR	酥油饼	○ 作者：AUTHOR	青浼
○ 备注：REMARK		○ 备注：REMARK	
○ 书名：TITLE	《重生成猎豹》	○ 书名：TITLE	《彼得·潘与辛德瑞拉》
○ 作者：AUTHOR	来自远方	○ 作者：AUTHOR	徐徐图之
○ 备注：REMARK		○ 备注：REMARK	

分　类　。　青　春　　　　　　　　　　　　　　　　　　　　YOUTH

○ 书名： TITLE	《世界微尘里》	○ 书名： TITLE	《在世界的尽头遇见你》
○ 作者： AUTHOR	木浮生	○ 作者： AUTHOR	景行
○ 备注： REMARK		○ 备注： REMARK	
○ 书名： TITLE	《最好的我们》	○ 书名： TITLE	《从你的全世界路过》
○ 作者： AUTHOR	八月长安	○ 作者： AUTHOR	张嘉佳
○ 备注： REMARK		○ 备注： REMARK	
○ 书名： TITLE	《我不喜欢这世界，我只喜欢你》	○ 书名： TITLE	《秒速五厘米》
○ 作者： AUTHOR	乔一	○ 作者： AUTHOR	新海诚
○ 备注： REMARK		○ 备注： REMARK	
○ 书名： TITLE	《你的孤独虽败犹荣》	○ 书名： TITLE	《南音》
○ 作者： AUTHOR	刘同	○ 作者： AUTHOR	笛安
○ 备注： REMARK		○ 备注： REMARK	
○ 书名： TITLE	《平生欢》	○ 书名： TITLE	《我承认我不曾历经沧桑》
○ 作者： AUTHOR	七堇年	○ 作者： AUTHOR	蒋方舟
○ 备注： REMARK		○ 备注： REMARK	
○ 书名： TITLE	《余生请多指教》	○ 书名： TITLE	《何所冬暖，何所夏凉》
○ 作者： AUTHOR	柏林石匠	○ 作者： AUTHOR	顾西爵
○ 备注： REMARK		○ 备注： REMARK	

分 类 ◦ 奇 幻　　　　　　　　　　　　　　　　FANTASY

◦书名 TITLE：《寻找鱼王》	◦书名 TITLE：《龙族》
◦作者 AUTHOR：张炜	◦作者 AUTHOR：江南
◦备注 REMARK：	◦备注 REMARK：
◦书名 TITLE：《查理九世》	◦书名 TITLE：《雪中悍刀行》
◦作者 AUTHOR：雷欧幻象	◦作者 AUTHOR：烽火戏诸侯
◦备注 REMARK：	◦备注 REMARK：
◦书名 TITLE：《哑舍》	◦书名 TITLE：《浮生物语》
◦作者 AUTHOR：玄色	◦作者 AUTHOR：裟椤双树
◦备注 REMARK：	◦备注 REMARK：
◦书名 TITLE：《无心法师》	◦书名 TITLE：《朱颜》
◦作者 AUTHOR：尼罗	◦作者 AUTHOR：沧月
◦备注 REMARK：	◦备注 REMARK：
◦书名 TITLE：《择天记》	◦书名 TITLE：《凡人修仙传》
◦作者 AUTHOR：猫腻	◦作者 AUTHOR：忘语
◦备注 REMARK：	◦备注 REMARK：
◦书名 TITLE：《招摇》	◦书名 TITLE：《半城风月》
◦作者 AUTHOR：九鹭非香	◦作者 AUTHOR：十四郎
◦备注 REMARK：	◦备注 REMARK：

分 类 · 科 幻　　　　　　　　　　　　　SCIENCE FICTION

书名 TITLE：《时间移民》	**书名 TITLE**：《孤独深处》
作者 AUTHOR：刘慈欣	**作者 AUTHOR**：郝景芳
备注 REMARK：	**备注 REMARK**：
书名 TITLE：《散落星河的记忆》	**书名 TITLE**：《孤独是一座岛》
作者 AUTHOR：桐华	**作者 AUTHOR**：安逸
备注 REMARK：	**备注 REMARK**：
书名 TITLE：《逃出母宇宙》	**书名 TITLE**：《伤心者》
作者 AUTHOR：王晋康	**作者 AUTHOR**：何夕
备注 REMARK：	**备注 REMARK**：
书名 TITLE：《天意》	**书名 TITLE**：《爱的算法》
作者 AUTHOR：钱莉芳	**作者 AUTHOR**：刘宇昆
备注 REMARK：	**备注 REMARK**：
书名 TITLE：《荒潮》	**书名 TITLE**：《地铁》
作者 AUTHOR：陈楸帆	**作者 AUTHOR**：韩松
备注 REMARK：	**备注 REMARK**：
书名 TITLE：《古老的地球之歌》	**书名 TITLE**：《超脑：地库》
作者 AUTHOR：宝树	**作者 AUTHOR**：蔡必贵
备注 REMARK：	**备注 REMARK**：

分 类 · 悬 疑　　　　　　　　　　　　　　　SUSPENSE

书名	《怨气撞铃》	书名	《清明上河图密码》
作者	尾鱼	作者	冶文彪
备注		备注	

书名	《长夜难明》	书名	《惊悚乐园》
作者	紫金陈	作者	三天两觉
备注		备注	

书名	《守夜者》	书名	《余罪》
作者	法医秦明	作者	常书欣
备注		备注	

书名	《大唐悬疑录》	书名	《沙海》
作者	唐隐	作者	南派三叔
备注		备注	

书名	《中国异闻录》	书名	《判罪者》
作者	桐木	作者	厌笔川
备注		备注	

书名	《别和她说话》	书名	《胆小鬼侦探》
作者	遇瑾	作者	苏盈
备注		备注	

分 类 。 脑 洞　　　　　　　　　　　　　　　　　　　IMAGINATION

书名：TITLE	《天才在左疯子在右》	书名：TITLE	《不正常人类症候群》
作者：AUTHOR	高铭	作者：AUTHOR	张寒寺
备注：REMARK		备注：REMARK	
书名：TITLE	《梦游症调查报告》	书名：TITLE	《无限房间》
作者：AUTHOR	方洋	作者：AUTHOR	无色方糖
备注：REMARK		备注：REMARK	
书名：TITLE	《古董局中局》	书名：TITLE	《故宫的风花雪月》
作者：AUTHOR	马伯庸	作者：AUTHOR	祝勇
备注：REMARK		备注：REMARK	
书名：TITLE	《年少荒唐》	书名：TITLE	《谁都不服就扶他》
作者：AUTHOR	朱炫	作者：AUTHOR	扶他柠檬茶
备注：REMARK		备注：REMARK	
书名：TITLE	《我--直在你触手可及的地方》	书名：TITLE	《真相推理师：嬗变》
作者：AUTHOR	尸姐	作者：AUTHOR	呼延云
备注：REMARK		备注：REMARK	
书名：TITLE	《掌控者》	书名：TITLE	《五次方谋杀》
作者：AUTHOR	姜振宇	作者：AUTHOR	轩弦
备注：REMARK		备注：REMARK	

分类 ◦ 经管　　　　　　　　　　ECONOMIC MANAGEMENT

◦ 书名：TITLE	《大败局》
◦ 作者：AUTHOR	吴晓波
◦ 备注：REMARK	

◦ 书名：TITLE	《工匠精神》
◦ 作者：AUTHOR	付守永
◦ 备注：REMARK	

◦ 书名：TITLE	《小米口碑营销内部手册：参与感》
◦ 作者：AUTHOR	黎万强
◦ 备注：REMARK	

◦ 书名：TITLE	《给你一个团队，你能怎么管？》
◦ 作者：AUTHOR	赵伟
◦ 备注：REMARK	

◦ 书名：TITLE	《请给我结果》
◦ 作者：AUTHOR	姜汝祥
◦ 备注：REMARK	

◦ 书名：TITLE	《中国是部金融史》
◦ 作者：AUTHOR	陈雨露
◦ 备注：REMARK	

◦ 书名：TITLE	《阿里巴巴正传》
◦ 作者：AUTHOR	方兴东、刘伟
◦ 备注：REMARK	

◦ 书名：TITLE	《一本书读懂畅销心理学》
◦ 作者：AUTHOR	李昊轩
◦ 备注：REMARK	

◦ 书名：TITLE	《以奋斗者为本》
◦ 作者：AUTHOR	黄卫伟
◦ 备注：REMARK	

◦ 书名：TITLE	《尖叫感》
◦ 作者：AUTHOR	马楠
◦ 备注：REMARK	

◦ 书名：TITLE	《华为管理法》
◦ 作者：AUTHOR	黄志伟
◦ 备注：REMARK	

◦ 书名：TITLE	《海底捞你学不会》
◦ 作者：AUTHOR	黄铁鹰
◦ 备注：REMARK	

分 类 。 励 志　　　　　　　　　　　　　　MOTIVATION

书名 TITLE	《将来的你,一定会感谢现在拼命的自己》
作者 AUTHOR	汤木
备注 REMARK	

书名 TITLE	《好好说话》
作者 AUTHOR	学诚法师
备注 REMARK	

书名 TITLE	《你的善良必须有点锋芒》
作者 AUTHOR	慕颜歌
备注 REMARK	

书名 TITLE	《遇见未知的自己》
作者 AUTHOR	张德芬
备注 REMARK	

书名 TITLE	《你要么出众,要么出局》
作者 AUTHOR	李尚龙
备注 REMARK	

书名 TITLE	《所有失去的都会以另一种方式归来》
作者 AUTHOR	耿帅
备注 REMARK	

书名 TITLE	《蔡康永的说话之道》
作者 AUTHOR	蔡康永
备注 REMARK	

书名 TITLE	《所谓高情商,就是会说话》
作者 AUTHOR	兆民
备注 REMARK	

书名 TITLE	《学会自己长大》
作者 AUTHOR	和云峰
备注 REMARK	

书名 TITLE	《别让不好意思害了你》
作者 AUTHOR	高朋
备注 REMARK	

书名 TITLE	《把时间当作朋友》
作者 AUTHOR	李笑来
备注 REMARK	

书名 TITLE	《愿你的青春不负梦想》
作者 AUTHOR	俞敏洪
备注 REMARK	

分类 。 历 史　　　　　　　　　　　　　　　　　　HISTORY

书名	作者	备注
《半小时漫画中国史》	二混子	
《大国崛起》	唐晋	
《知行合一王阳明》	度阴山	
《我在故宫修文物》	萧寒	
《天朝的崩溃》	茅海建	
《鱼羊野史》	高晓松	
《这个历史挺靠谱》	袁腾飞	
《一百个人的十年》	冯骥才	
《曾国藩的正面与侧面》	张宏杰	
《重说中国近代史》	张鸣	
《从晚清到民国》	唐德刚	
《带一本书去巴黎》	林达	

图书在版编目（CIP）数据

扫文笔记 / 慕容炒肉 编著 .
—武汉：长江出版社，2017.9
ISBN 978-7-5492-5331-9
Ⅰ. ①扫… Ⅱ. ①慕… Ⅲ. ①读书笔记 - 中国 - 现代
Ⅳ. ① G792
中国版本图书馆 CIP 数据核字（2017）第 211731 号

本书由慕容炒肉委托天津漫娱文化传播有限公司正式授权长江出版社，在中国大陆地区独家出版中文简体版本，并取得其他衍生授权。未经书面同意，不得以任何形式转载和使用。

扫文笔记 / 慕容炒肉 编著

出　　版	长江出版社
	（武汉市解放大道 1863 号　邮政编码：430010）
出　　品	漫娱文化
	（湖北省武汉市积玉桥万达写字楼 11 号楼 19 层　邮政编码：430060）
出 版 人	赵　冕
选题策划	漫娱文化图书
市场发行	长江出版社发行部
网　　址	http://www.cjpress.com.cn
责任编辑	陈　辉
特约编辑	尹　旋
装帧设计	张　晗　章　喆
印　　刷	湖北新华印务有限公司
版　　次	2017 年 9 月第 1 版
印　　次	2017 年 9 月第 1 次印刷
开　　本	787mm×1092mm　特规 1 / 32
印　　张	5
书　　号	ISBN 978-7-5492-5331-9
定　　价	36.00 元

版权所有，翻版必究。如有质量问题，请联系本社退换。
电话：027-82927763（总编室）　027-82926806（市场营销部）